école - мактаб — 2
voyage - саёҳат — 5
transport - нақлиёт — 8
ville - шаҳр — 10
paysage - ландшафт — 14
restaurant - тарабхона — 17
supermarché - супермаркет — 20
boissons - нӯшокиҳои — 22
alimentation - таъом — 23
ferme - ферма — 27
maison - хона — 31
salon - мехмонхона — 33
cuisine - ошхона — 35
salle de bain - ҳамом — 38
chambre d'enfant - ҳуҷраи кӯдакона — 42
vêtements - либос — 44
bureau - идора — 49
économie - иқтисодиёт — 51
professions - касбҳо — 53
outils - асбобҳо — 56
instruments de musique - асбобҳои мусиқӣ — 57
zoo - боғи ҳайвонот — 59
sports - варзиш — 62
activités - фаъолият — 63
famille - оила — 67
corps - бадан — 68
hôpital - бемористон — 72
urgence - ҳолати фавқулодда — 76
terre - замин — 77
...heure(s) - вақт — 79
semaine - ҳафта — 80
année - сол — 81
formes - баст — 83
couleurs - рангҳо — 84
oppositions - мухолифат — 85
nombres - ададҳо — 88
langues - забонҳо — 90
qui / quoi / comment - ки / чиро / тавр — 91
où - дар кучо — 92

Impressum
Verlag: BABADADA GmbH, Nedderfeld 112 , 22529 Hamburg
Geschäftsführer / Verlagsleitung: Harald Hof
Druck: Books on Demand GmbH, In de Tarpen 42, 22848 Norderstedt

Imprint
Publisher: BABADADA GmbH, Nedderfeld 112 , 22529 Hamburg, Germany
Managing Director / Publishing direction: Harald Hof
Print: Books on Demand GmbH, In de Tarpen 42, 22848 Norderstedt

école

мактаб

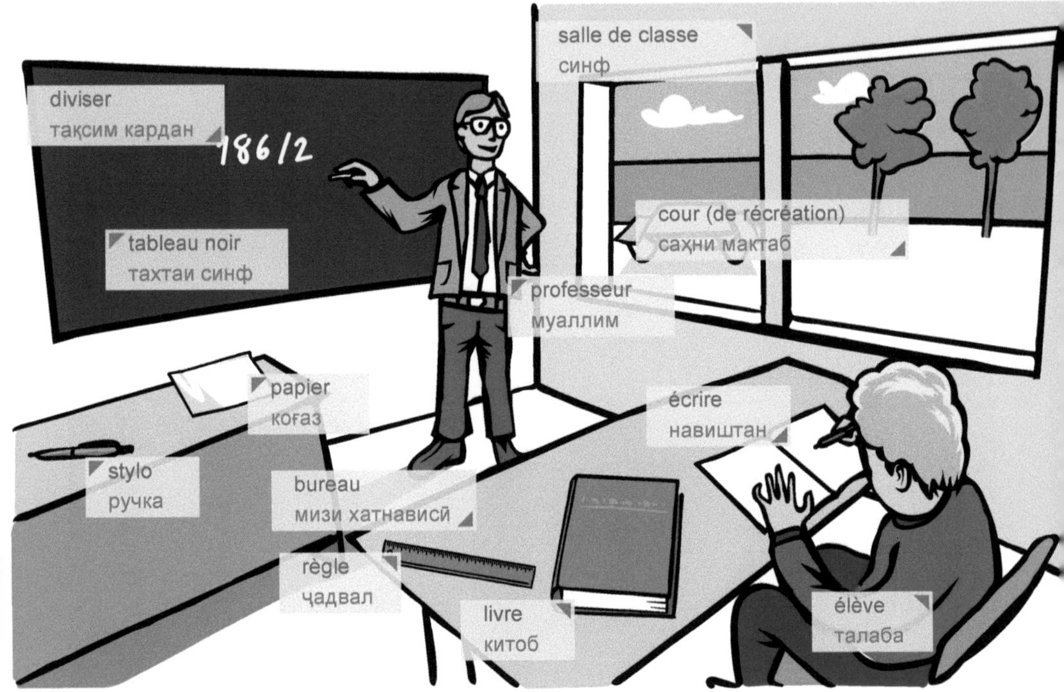
salle de classe
синф
diviser
тақсим кардан
186/2
cour (de récréation)
саҳни мактаб
tableau noir
тахтаи синф
professeur
муаллим
papier
коғаз
écrire
навиштан
stylo
ручка
bureau
мизи хатнависӣ
règle
ҷадвал
livre
китоб
élève
талаба

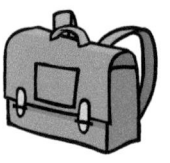

cartable

чузвдон

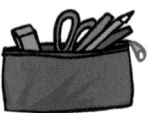

trousse

қаламдон

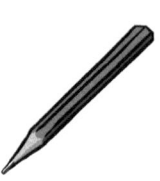

crayon

қалам

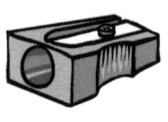

taille-crayon

қаламтезкунак

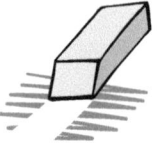

gomme

хаткуркунак

carnet à dessin

блокноти расмкашӣ

dessin

расм

pinceau

мӯқалами рассомӣ

boîte de peinture

қуттии рангҳо

ciseaux

қайчӣ

colle

ширеш

cahier d'exercices

дафтари машқ

devoirs

вазифаи хонагӣ

chiffre

рақам

additionner

ҷамъ кардан

soustraire

кам кардан

multiplier

зарб задан

calculer

ҳисоб кардан

lettre

ҳарф

alphabet

алфавит

mot

калима

texte

матн

lire

хондан

craie

бӯр

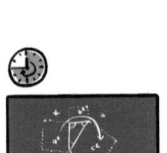

leçon

дарс

livre de classe

журнали синфӣ

examen

имтиҳон

certificat

шаҳодатнома

uniforme scolaire

либоси мактабӣ

formation

таҳсил/маориф

lexique

энсиклопедия

université

донишгоҳ

microscope

микроскоп (more frequently used)

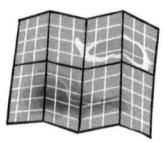

carte

харита

corbeille à papier

сабади партофҳои коғазӣ

voyage
саёҳат

hôtel
меҳмонхона
Grand
auberge
хобгоҳ
ROOMS
bureau de change
нуқтаи мубодилаи асъор
CHANGE
valise
чамадон
voiture
мошин

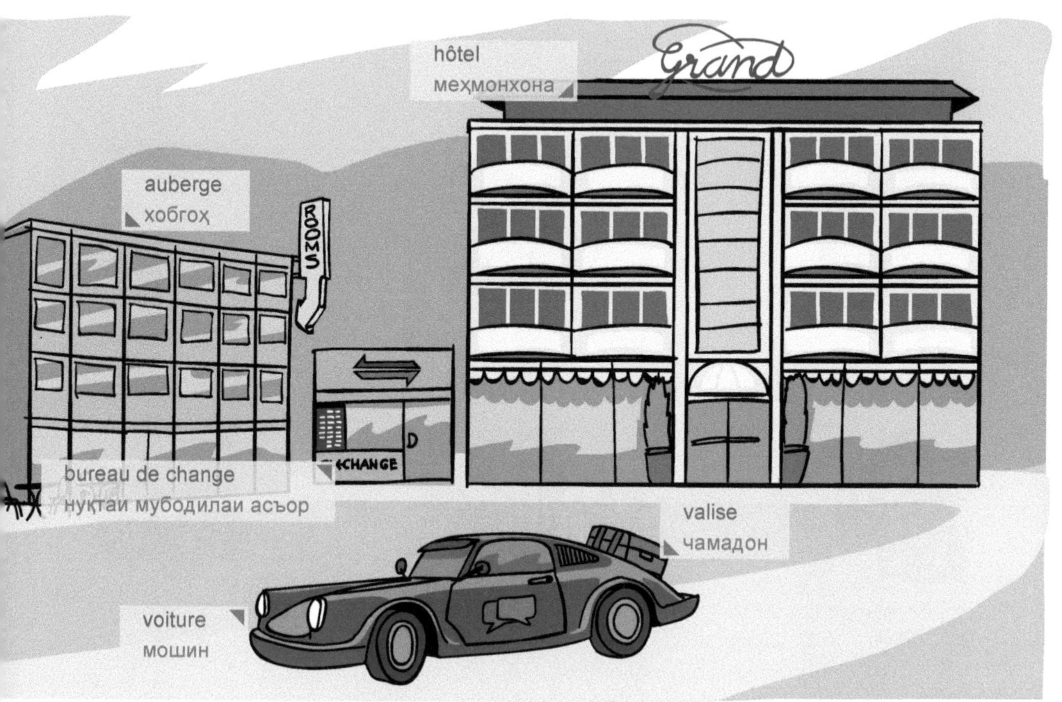

langue
забон

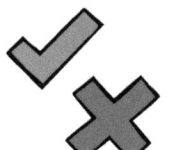

oui / non
ҳа / не

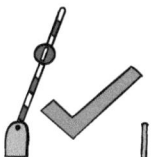

d'accord
Хуб

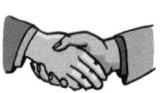

Salut
Ассалому алейкум

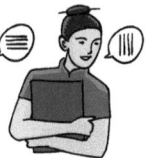

interprète
тарҷумон

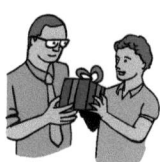

merci
Раҳмат

Combien coûte...?

чӣ қадар аст ...?

Je ne comprends pas

Ман намефаҳмам

problème

проблема

Bonsoir !

шаб ба хайр!

Bonjour !

субҳ ба хайр

Bonne nuit !

шаби хуш

Au revoir

хайр

direction

равона

bagages

бағоҷ

sac

ҷузвдон

sac-à-dos

борхалта

hôte

меҳмон

pièce

хона

sac de couchage

хобхалта

tente

хайма

office de tourisme

маълумоти сайёҳӣ

plage

соҳил

carte de crédit

корти кредитӣ

petit-déjeuner

наҳорӣ

déjeuner

хӯроки пешин

dîner

хӯроки шом

billet

чипта

ascenseur

лифт

timbre

марка

frontière

сарҳад

douane

Гумрук

ambassade

сафорат

visa

раводид

passeport

шиноснома

transport
нақлиёт

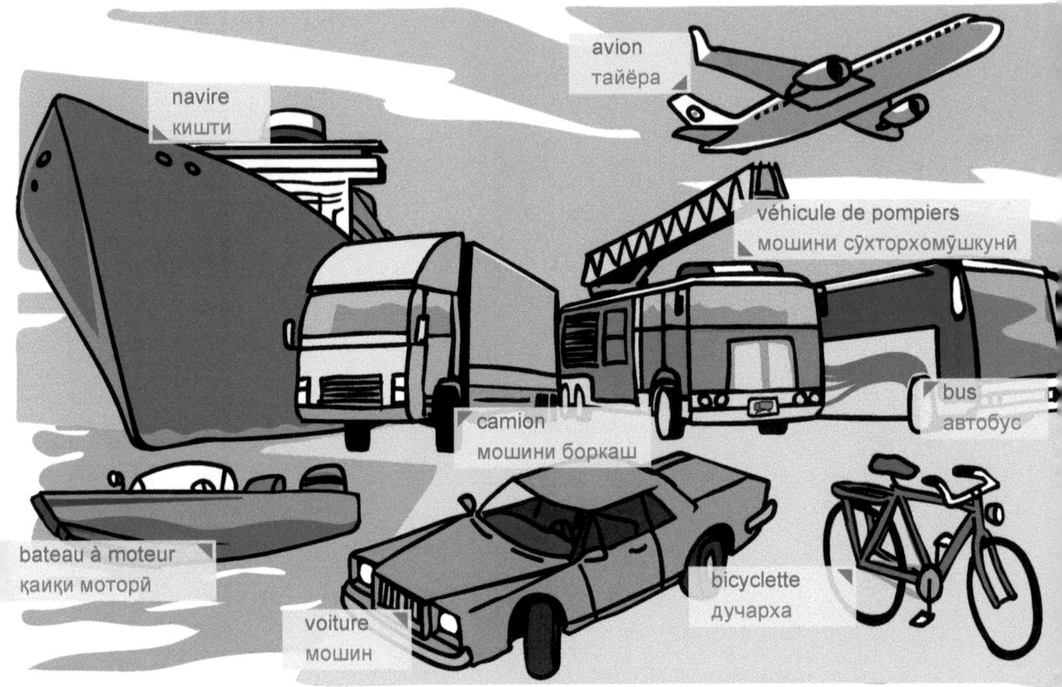

avion
тайёра
navire
кишти
véhicule de pompiers
мошини сӯхторхомӯшкунӣ
bus
автобус
camion
мошини боркаш
bateau à moteur
қаиқи моторӣ
bicyclette
дучарха
voiture
мошин

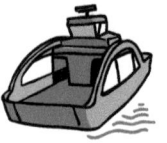

ferry

паром

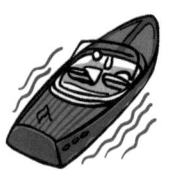

barque

қаиқ

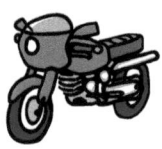

moto

мотосикл

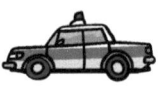

voiture de police

мошини полис

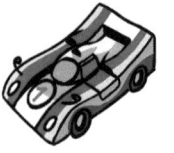

voiture de course

мошини тезрави пойгаи

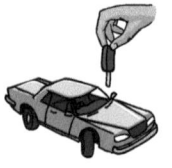

voiture de location

кирояи мошинҳо

auto-partage

ҳамроҳ истифодабарии
мошин

voiture de remorquage

эвакуатор

benne à ordures

павтовҷамъкунӣ

moteur

муҳаррик

essence

сӯзишворӣ

station d'essence

нуқтаи фурӯши сӯзишворӣ

panneau indicateur

аломати роҳ

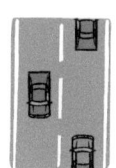

trafic

ҳаракат

embouteillage

бандшавии ҳаракати роҳ

parking

ҷои исти мошинҳо

gare

истгоҳи роҳи оҳан

rails

роҳи оҳан

train

қатора

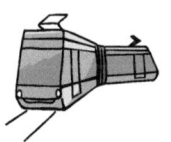

tramway

тамвай

wagon

вагон

hélicoptère

чархбол

aéroport

фурудгоҳ

tour

манора

passager

мусофир

conteneur

контейнер

carton

щутии картонӣ

chariot

ароба

corbeille

сабад

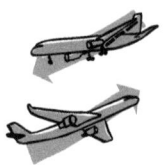

décoller / atterrir

гирифтан / замин

ville

шаҳр

village

деҳа

centre-ville

маркази шаҳр

maison

хона

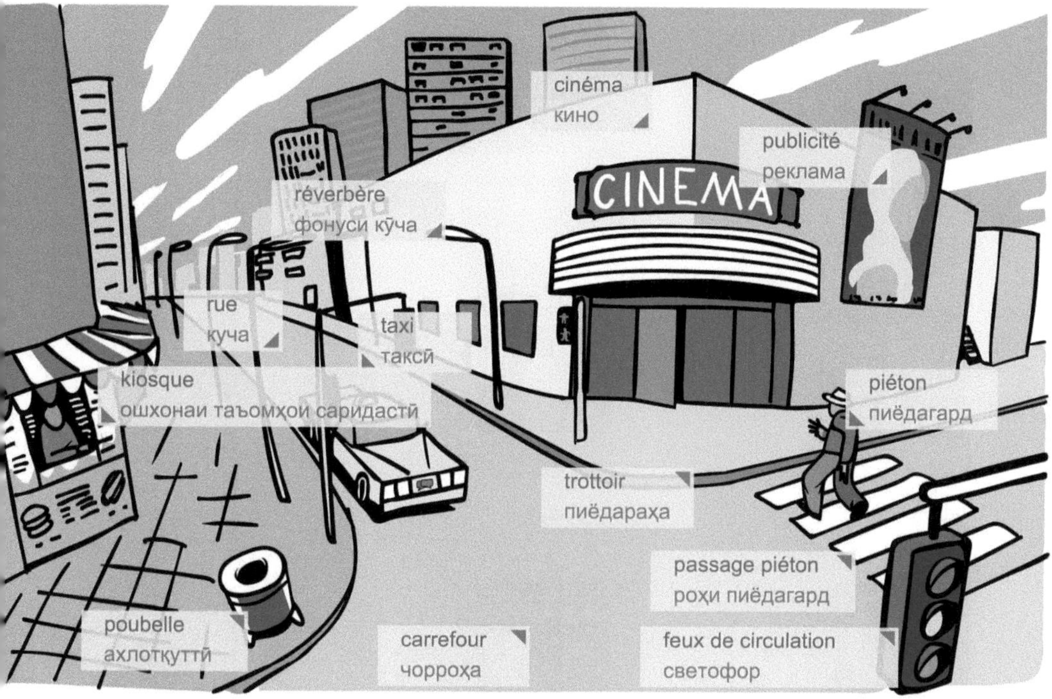

cinéma
кино

publicité
реклама

réverbère
фонуси кӯча

rue
кӯча

taxi
таксӣ

kiosque
ошхонаи таъомхои саридастӣ

CINEMA

piéton
пиёдагард

trottoir
пиёдараҳа

passage piéton
роҳи пиёдагард

poubelle
ахлоткуттӣ

carrefour
чорроҳа

feux de circulation
светофор

cabane
кулба

appartement
ҳамвор

gare
истгоҳи роҳи оҳан

mairie
инои маъмурияти шахр

musée
осорхона

école
мактаб

ville - шаҳр

université

донишгоҳ

banque

бонк

hôpital

бемористон

hôtel

меҳмонхона

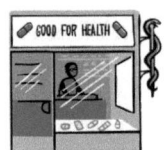

pharmacie

доухона

bureau

идора

librairie

сехи китоб

magasin

сехи

fleuriste

мағозаи гулфурӯшӣ

supermarché

супермаркет

marché

бозор

grand magasin

универмаг

poissonnerie

мағозаи моҳифурӯшӣ

centre commercial

маркази савдо

port

бандар

parc

парк

banque

бонк

pont

пул

escaliers

зинапоя

métro

метро

tunnel

нақби

arrêt de bus

истгоҳи автобус

bar

бар

restaurant

тарабхона

boîte à lettres

қуттии почта

panneau indicateur

аломати номи кӯчаҳо

parcmètre

ҳисобкунаки исти мошинҳо

zoo

боғи ҳайвонот

piscine

ҳавзи шиноварӣ

mosquée

масҷид

ferme

ферма

pollution

ифлоскунй

cimetière

қабристон

église

калисо

aire de jeux

майдончаи бозй

temple

маъбад

paysage
ландшафт

feuille
барг

panneau indicateur
аломати рохнамо

chemin
рох

pré
алафзор

pierre
санг

arbre
дарахт

randonneur
сайёх

rivière
дарё

herbe
алаф

fleur
гул

vallée

водй

montagne

кӯҳ

lac

кул

forêt

беша

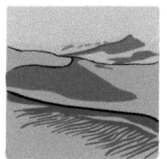

désert

биёбон

volcan

вулкан

château

қалъа

arc-en-ciel

рангинкамон

champignon

занбӯруғ

palmier

дарати нахл

moustique

хомӯшак

mouche

паридан

fourmis

мурча

abeille

занбур

araignée

тортанак

paysage - ландшафт

coléoptère

гамбӯсак

grenouille

қурбоққа

écureuil

санҷоб

hérisson

хорпушт

lièvre

харгӯш

chouette

бум

oiseau

парранда

cygne

мурғи қу

sanglier

хуки ваҳшй

cerf

оху

élan

гавазн

barrage

сарбанд

éolienne

турбина шамол

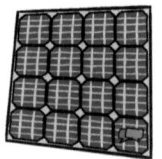

panneau solaire

панел офтобй

climat

иқлим

restaurant

тарабхона

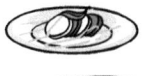

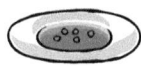

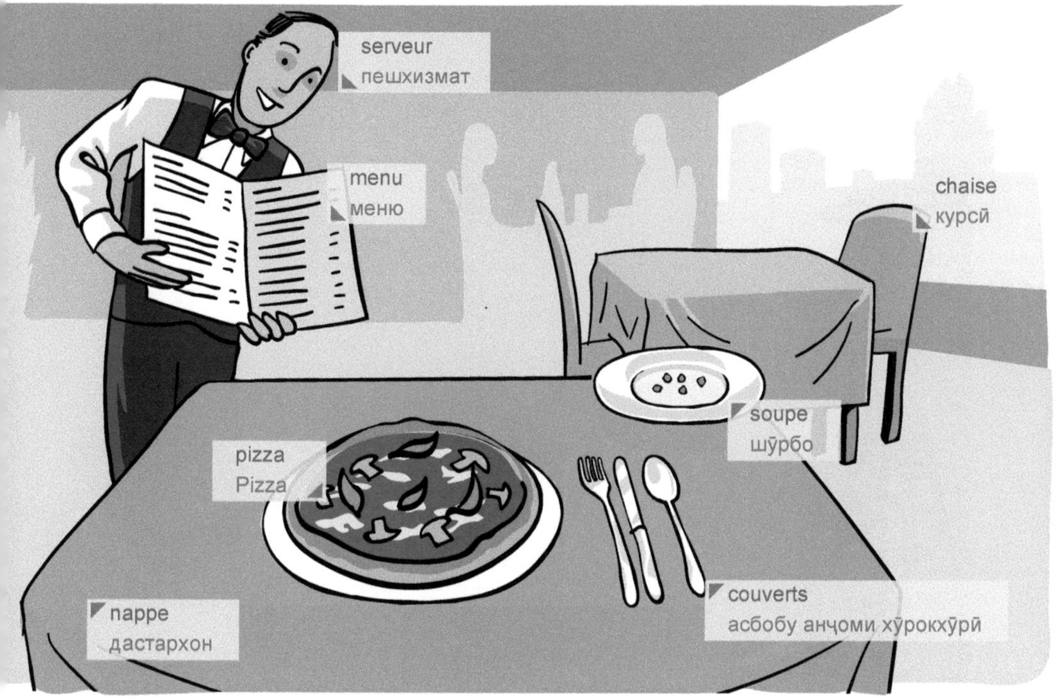
serveur
пешхизмат
menu
меню
chaise
курсӣ
soupe
шӯрбо
pizza
Pizza
nappe
дастархон
couverts
асбобу анҷоми хӯрокхӯрӣ

hors d'œuvre

стартер/корандоз

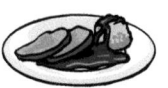

plat principal

хӯроки асосӣ

dessert

десерт

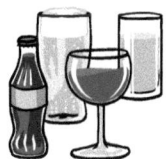

boissons

нӯшокиҳои

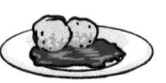

alimentation

таъом

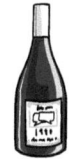

bouteille

шиша

fast-food

Хӯроки Тез Таёр мешуда

plats à emporter

хӯроки кӯчагӣ

théière

чойник

sucrier

шакардон

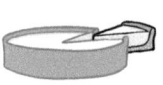

portion

қисм/порча

machine à expresso

мошини espresso

chaise haute

курсии кӯдакона

facture

ҳисоб

plateau

зарфмонак

couteau

корд

fourchette

чангол

cuillère

қошуқ

cuillère à thé

қошуқча

serviette

сачоқи қоғазӣ

verre

истакон

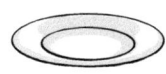

assiette

табақча

assiette à soupe

косача

soucoupe

тақсимча

sauce

соус

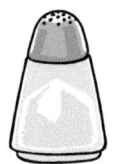

salière

намакдон

moulin à poivre

мурчдон

vinaigre

сирко

huile

равғани растанӣ

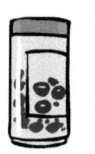

épices

приправа

ketchup

кетчуп

moutarde

хардал

mayonnaise

майонез

supermarché
супермаркет

offre promotionnelle
пешниҳоди махсус
FOR
client
мизоҷ
produits laitiers
шир
fruits
мева
chariot
аробача

BUTCHERS

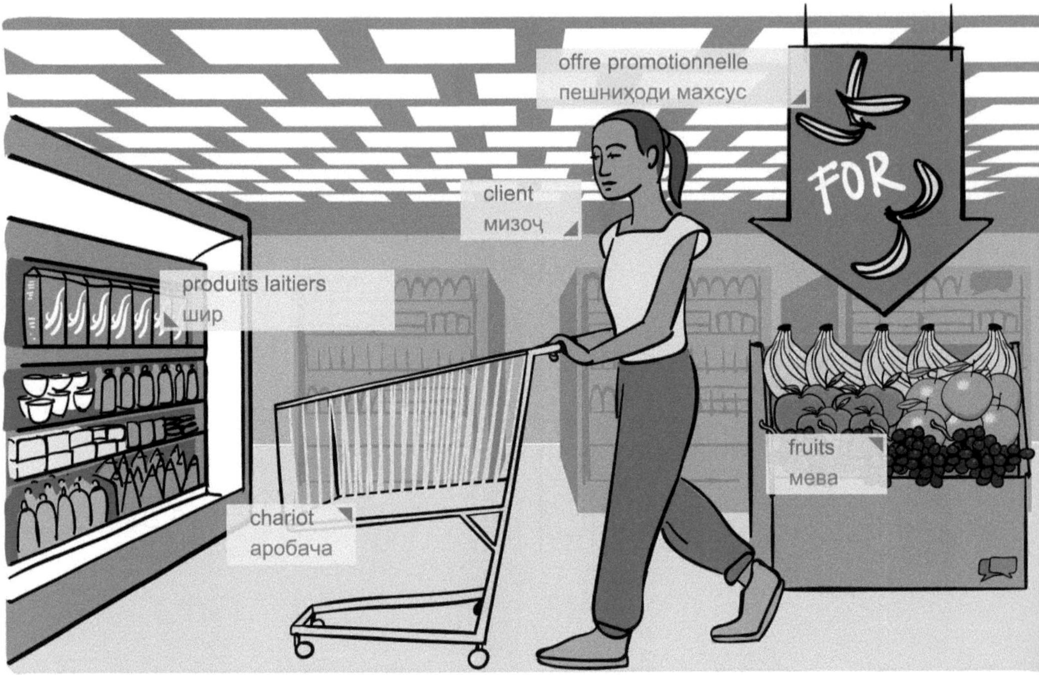

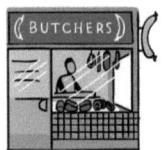

boucherie

дукони гӯштфурӯшӣ

BAKERY

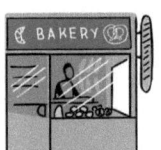

boulangerie

дукони нонфурӯшӣ

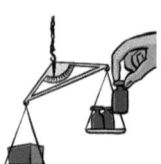

peser

баркашидан

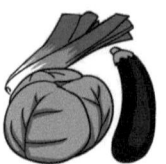

légumes

сабзавот

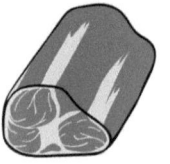

viande

гӯшт

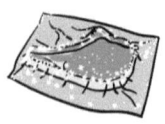

aliments surgelés

хӯроки яхбаста

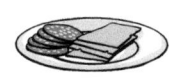

charcuterie

тилимҳои борик буридаи гушт

conserves

озуқаворӣ консервонидашуда

poudre à lessive

хокаи либосшӯй

bonbons

ширинӣ

articles ménagers

асбоби рӯзгор

détergents

воситаҳои тозакунанда

vendeuse

фурӯшанда

caisse

касса

caissier

кассир

liste d'achats

рӯихати харидкунӣ

heures d'ouverture

соат ифтитоҳи

portefeuille

ҳамён

carte de crédit

корти кредитӣ

sac

чуздо

sac en plastique

пакет

eau

об

jus de fruit

шарбат

lait

шир

coca

кола

vin

шароб

bière

оби ҷав

alcool

машрубот

chocolat chaud

какао

thé

чой

café

қаҳва

expresso

эспрессо

cappuccino

каппучино

banane

банан

pomme

себ

orange

норанчӣ

melon

харбуза

citron

лимӯ

carotte

сабзӣ

ail

сир

bambou

бамбук

oignon

пиёз

champignon

занбӯруғ

noisettes

чормағз

pâtes

угро

spaghetti

спагеттй

riz

биринҷ

salade

салат

pommes frites

картошкаи қоқак

pommes de terre rôties

картошкабирён

pizza

Pizza

hamburger

гамбургер

sandwich

бутербурод

escalope

шнитсел

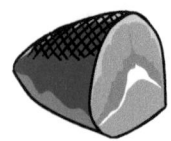

jambon

гӯшти намакардаи хук

salami

ҳасиби салямӣ

saucisse

ҳасиб

poulet

мурғ

rôti

кабоб

poisson

моҳӣ

flocons d'avoine

ярмаи чав

muesli

омехтаи ғалладонагӣ

cornflakes

ярмаи чуворимакка

farine

орд

croissant

кулчақанд

petits-pains

кулчақанд

pain

нон

pain grillé

як порча нони бирён

biscuits

кулчачаҳои қандин

beurre

маска

le fromage blanc

творог

gâteau

пирог

œuf

тухм

œuf au plat

тухм бирён

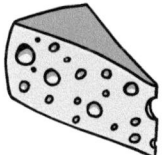

fromage

панир

glace

яхмос

sucre

шакар

miel

асал

confiture

мураббо

crème nougat

хамираи ҳалво

curry

Curry

ferme

ферма

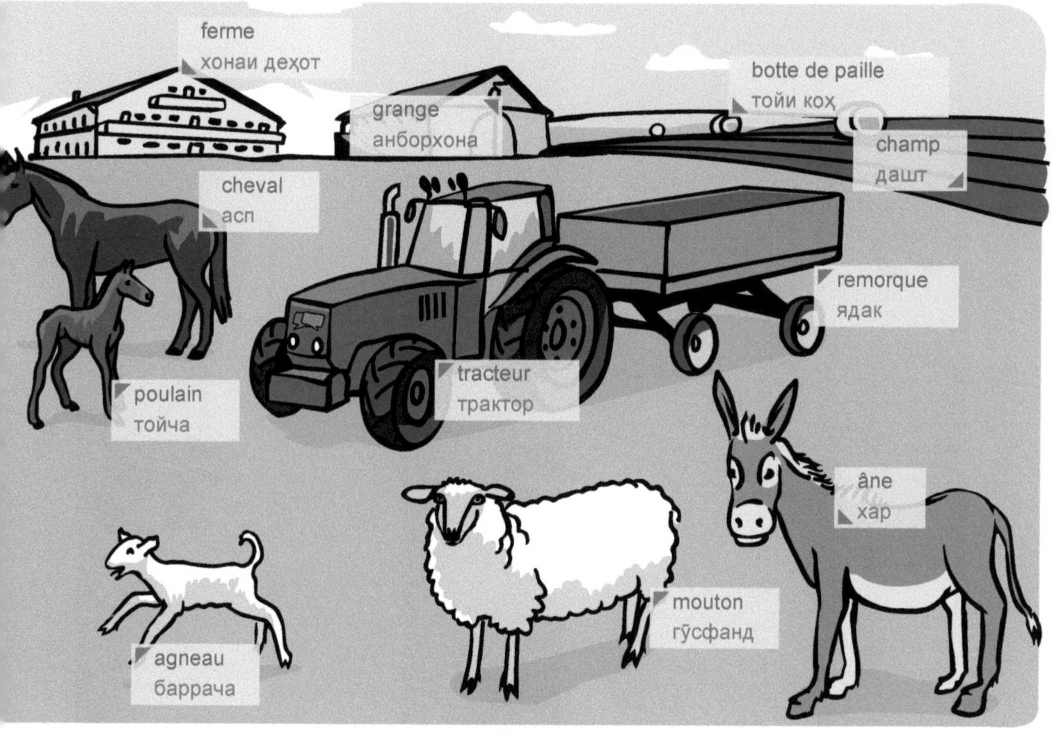
ferme
хонаи деҳот
grange
анборхона
botte de paille
тойи коҳ
champ
дашт
cheval
асп
remorque
ядак
tracteur
трактор
poulain
тойча
âne
хар
mouton
гӯсфанд
agneau
баррача

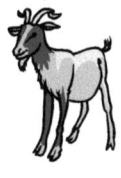

chèvre

буз

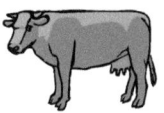

vache

гов

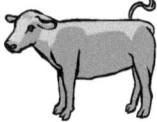

veau

гӯсола

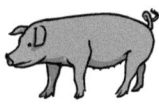

porc

хук

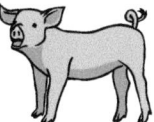

porcelet

хукча

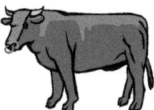

taureau

буққа

oie

қоз

canard

мурғобй

poussin

чӯча

poule

мурғ

coq

хурӯс

rat

каламуш

chat

гурба

souris

муш

bœuf

барзагов

chien

саг

chenil

хоначаи саг

tuyau de jardin

рӯдаи резинӣ

arrosoir

камобӣ метавонад

faucheuse

дос

charrue

сипори шудгоркунии
замин

faucille

доси

pioche

каланд

fourche

панчшоха

hache

табар

brouette

ароба

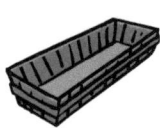

cuve

охур

pot à lait

зарфи ширгирй

sac

халта

clôture

девор

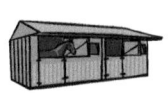

étable

мӯътадил

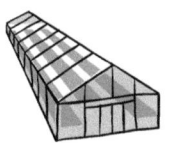

serre

гармхона

sol

хок

semences

тухмӣ

engrais

нуриҳо

moissonneuse-batteuse

комбайни ғаллағундорӣ

récolter

хосил

récolte

хосил

igname

yams

blé

гандум

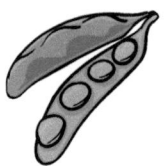

soja

лубиж

pomme de terre

картошка

maïs

чуворй

colza

донаи маъсар

arbre fruitier

дарахти мева

manioc

manioc

céréales

ғалладона

maison

хона

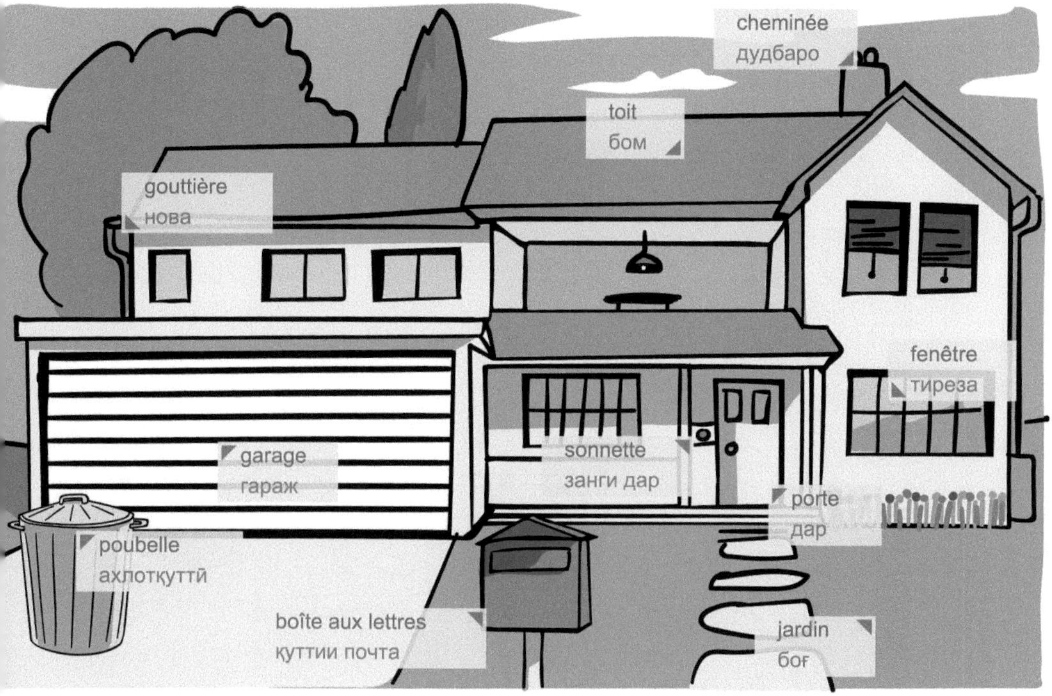

cheminée
дудбаро
toit
бом
gouttière
нова
fenêtre
тиреза
garage
гараж
sonnette
занги дар
porte
дар
poubelle
ахлотқуттӣ
boîte aux lettres
қуттии почта
jardin
боғ

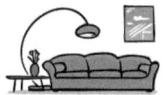

salon

мехмонхона

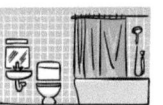

salle de bain

ҳамом

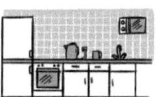

cuisine

ошхона

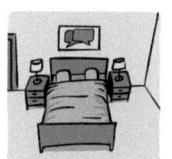

chambre à coucher

хонаи хоб

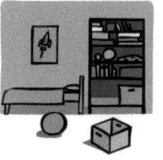

chambre d'enfant

ҳуҷраи кӯдакона

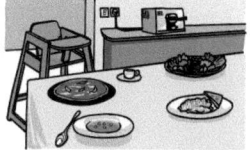

salle à manger

ошхона

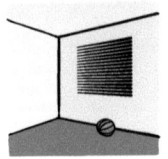

sol
ошёна

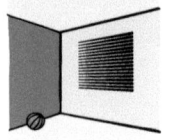

mur
девор

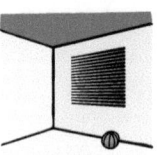

plafond
шифт

cave
тагзаминй

sauna
сауна

balcon
балкон

terrasse
суфача

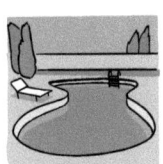

piscine
ҳавз

tondeuse à gazon
мошини алафдарав

housse
варақ

couette
кампал

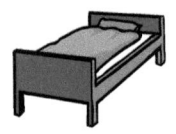

lit
кат

balai
чорӯб

sceau
сатил

interrupteur
калид

salon

мехмонхона

papier peint
зардеворӣ
image
расм
lampe
лампа
étagère
рафи китобмонӣ
armoire
ҷевони зарфҳо
télé
телевизор
cheminée
оташдон
fleur
гул
coussin
болишт
sofa
диван
vase
гулдон
télécommande
пулт

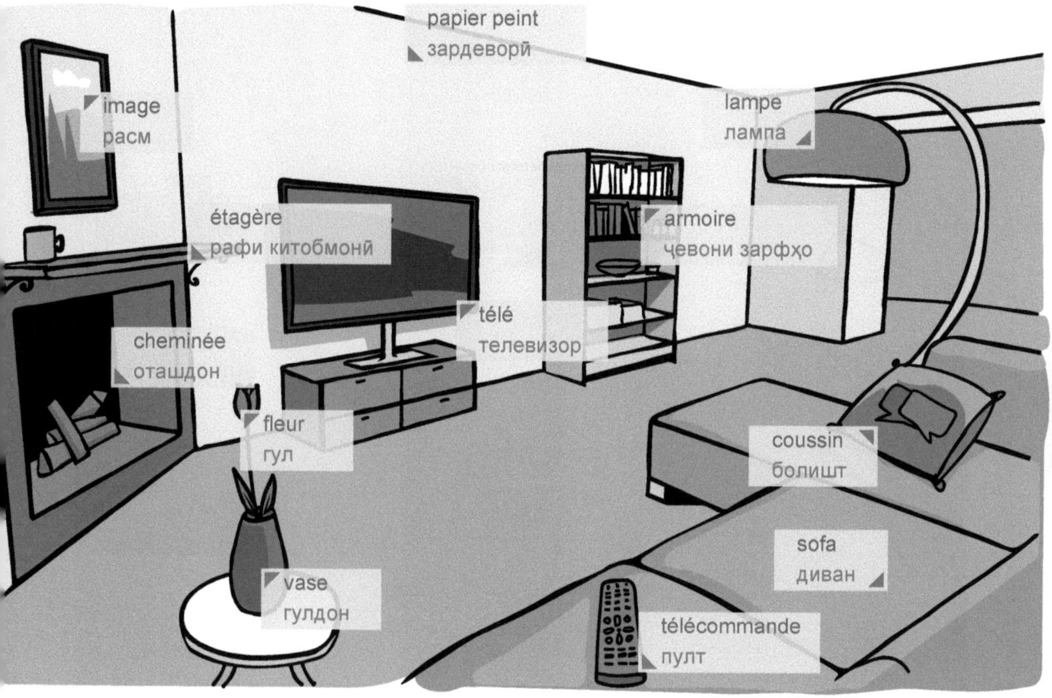

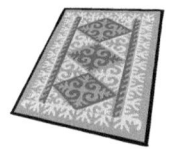

tapis

қолин

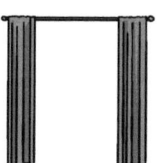

rideau

парда

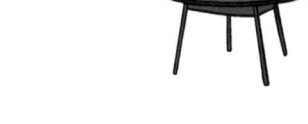

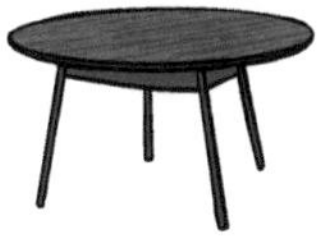

table

мизи

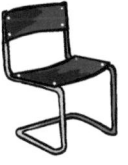

chaise

курсӣ

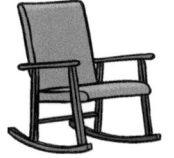

chaise à bascule

rocking кафедраи

fauteuil

курсӣ

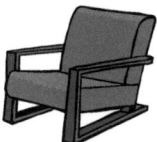

livre

китоб

couverture

курпа

décoration

ороиш

bois de chauffage

ҳезум

film

филм

chaîne hi-fi

дастгоҳи hi-fi

clé

калид

journal

рӯзнома

peinture

расм

poster

эълон

radio

радио

bloc-notes

китобчаи қайдҳо

aspirateur

чангкашак

cactus

кактус

bougie

шам

cuisine

ошхона

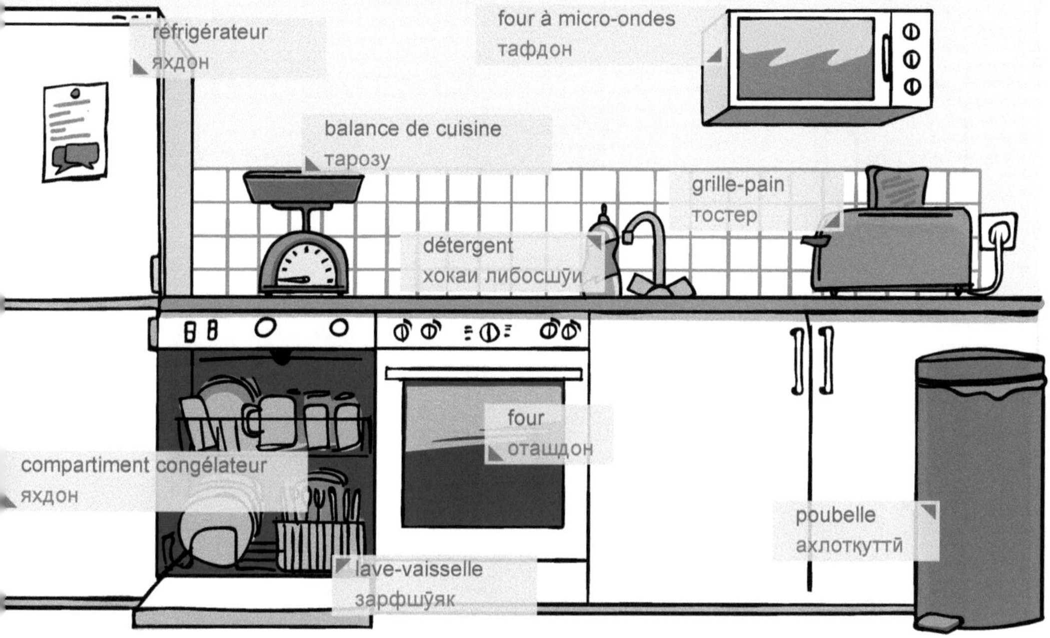

réfrigérateur
яхдон
four à micro-ondes
тафдон
balance de cuisine
тарозу
grille-pain
тостер
détergent
хокаи либосшӯи
four
оташдон
compartiment congélateur
яхдон
poubelle
ахлотқуттӣ
lave-vaisselle
зарфшӯяк

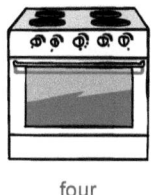

four

плита

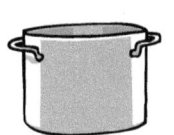

casserole

тубак

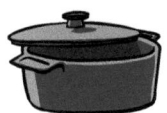

marmite

дег

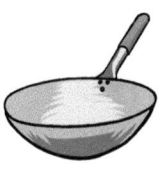

wok / kadai

дег / кадй

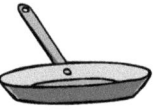

poêle

тоба

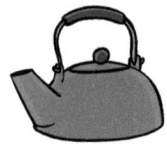

bouilloire electrique

чойник

cuiseur vapeur

steamer

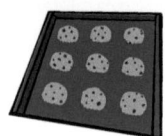

plaque de cuisson

лист

vaisselle

зарф

gobelet

кружка

coupe

коса

baguettes

чубаки хурокхӯрӣ

louche

кафлези

spatule

кафлези ҳамвор

fouet

whisk

passoire

strainer

tamis

элак

râpe

турбтарошак

mortier

миномет

barbecue

Кабоб Кардан

cheminée

оташ кушод

planche à découper

тахтаи резакунй

rouleau à pâtisserie

чӯба

tire-bouchon

пӯккашак

boîte

банка

ouvre-boîte

консервокушояк

maniques

дастак

lavabo

дастшӯяк

brosse

чӯтка

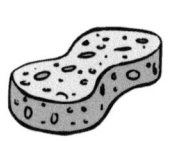

éponge

исфанч

mixeur

блендер

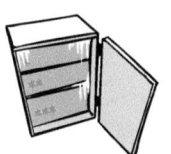

congélateur

сармодон

biberon

шишача

robinet

чумак

salle de bain

ҳамом

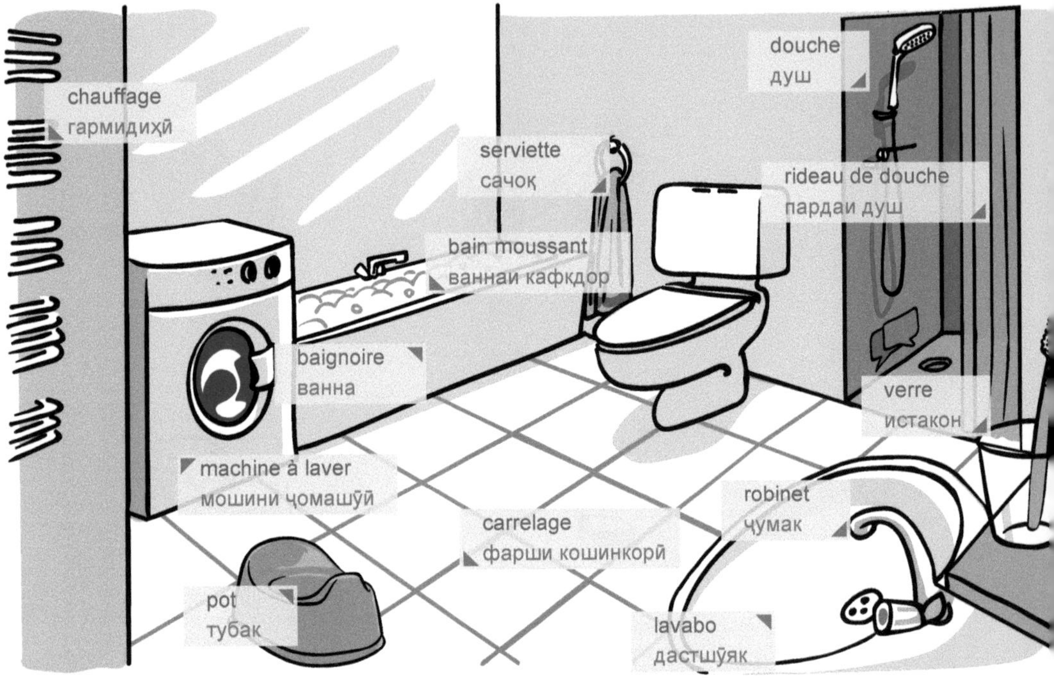

chauffage
гармидиҳӣ
serviette
сачоқ
douche
душ
rideau de douche
пардаи душ
bain moussant
ваннаи кафкдор
baignoire
ванна
verre
истакон
machine à laver
мошини ҷомашӯӣ
robinet
ҷумак
carrelage
фарши кошинкорӣ
pot
тубак
lavabo
дастшӯяк

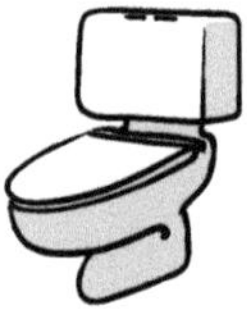

toilettes

хоҷатхона

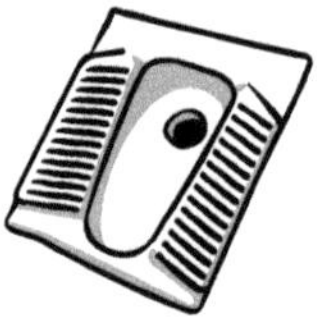

toilette à la turque

нишастгоҳи халоҷои рӯйфаршӣ

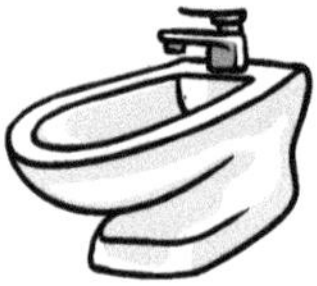

bidet

биде

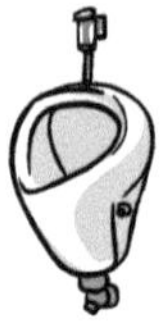

urinoir

хоҷатхонаи мардона

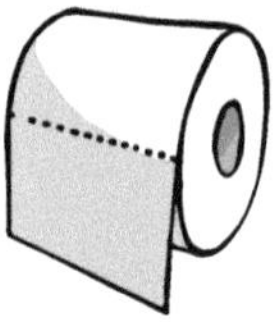

papier toilette

коғази ташноб

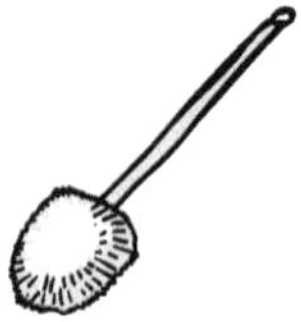

brosse à toilette

чӯткаи хоҷатхона

brosse à dents

дандоншӯяк

dentifrice

хамираи дандоншӯи

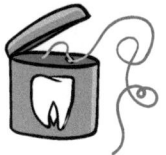

fil dentaire

риштаи дандонтозакунӣ

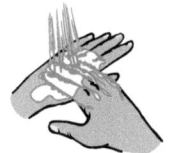

laver

шӯстан

douche manuelle

души дастӣ

douche intime

обшӯй

vasque

ҳавза

brosse dorsale

шона кардани мӯй

savon

собун

gel douche

гел барои душ

shampooing

шампун

gant de toilette

бумазӣ

écoulement

заҳкаш

crème

крем

déodorant

дезодорант

miroir

оина

miroir cosmétique

оинаи дастй

rasoir

риштарошаки барқи

mousse à raser

кафк барои риштарошй

après-rasage

оби мушкини баъди
риштарошй

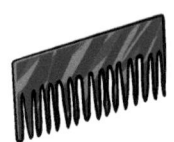

peigne

шона

brosse

чӯтка

sèche-cheveux

мӯйхушкунак

laque pour cheveux

лак барои мӯй

fond de teint

косметика

rouge à lèvres

лабсурхкунак

vernis à ongles

лок барои нохун

ouate

пахта

coupe-ongles

қайчии нохунгирй

parfum

атриёт

trousse de toilette

ҷузвдони косметики

tabouret

қазои ҳоҷат

pèse-personne

тарозу

peignoir

хилъат

gants de nettoyage

дастпӯшак резина

tampon

тампон

serviettes hygiéniques

дастмоли санитарй

toilette chimique

био-ҳоҷатхона

chambre d'enfant

ҳуҷраи кӯдакона

réveil
соати рӯимизии зангдор
doudou
бозичаи мулоим
voiture jouet
мошини бозича
hochet
тиқ-тиқ кардан
maison de poupée
хоначаи бозичагӣ
cadeau
ҳузур

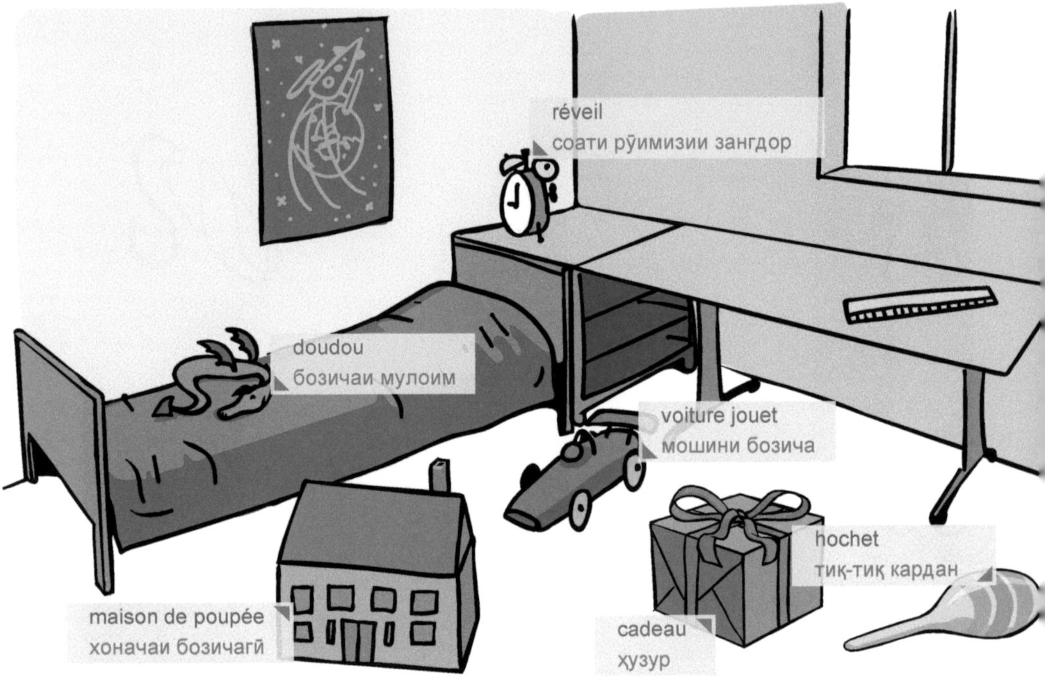

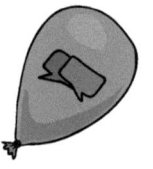

ballon

пуфак

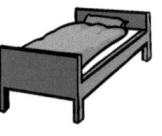

lit

кат

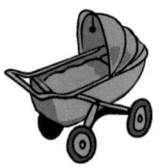

poussette

аробочаи кудакона

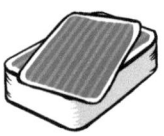

jeu de cartes

маҷмӯи кортҳо

puzzle

бозии муамоёбӣ

SUPER
MEGA

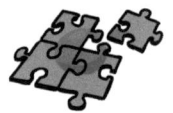

bande dessinée

комикс

pièces lego

хиштҳои лего

blocs de construction

мағозаи бозичафурӯхтан

figurine

рақам амал

grenouillère

либоси ғаваккашӣ

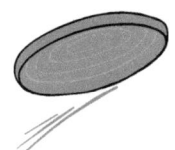

frisbee

фрисби

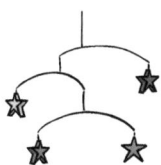

mobile

мобилӣ

jeu de société

лавҳачаи бозӣ

dé

кубик

train miniature

маҷмӯи модели қатора

sucette

пистонак

fête

ҳизб

livre d'images

китоби расм

balle

тӯб

poupée

лӯхтак

jouer

бози кардан

bac à sable

қуттии рег

balançoire

арғунчак

jouets

бозича

console de jeu

консоли бозиҳои видеой

tricycle

велосипеди сечарха

ours en peluche

хирсаки бахмалии патдор

armoire

чевон

vêtements

либос

chaussettes

чуроб

bas

чуроби соқбаланд

collant

колготки

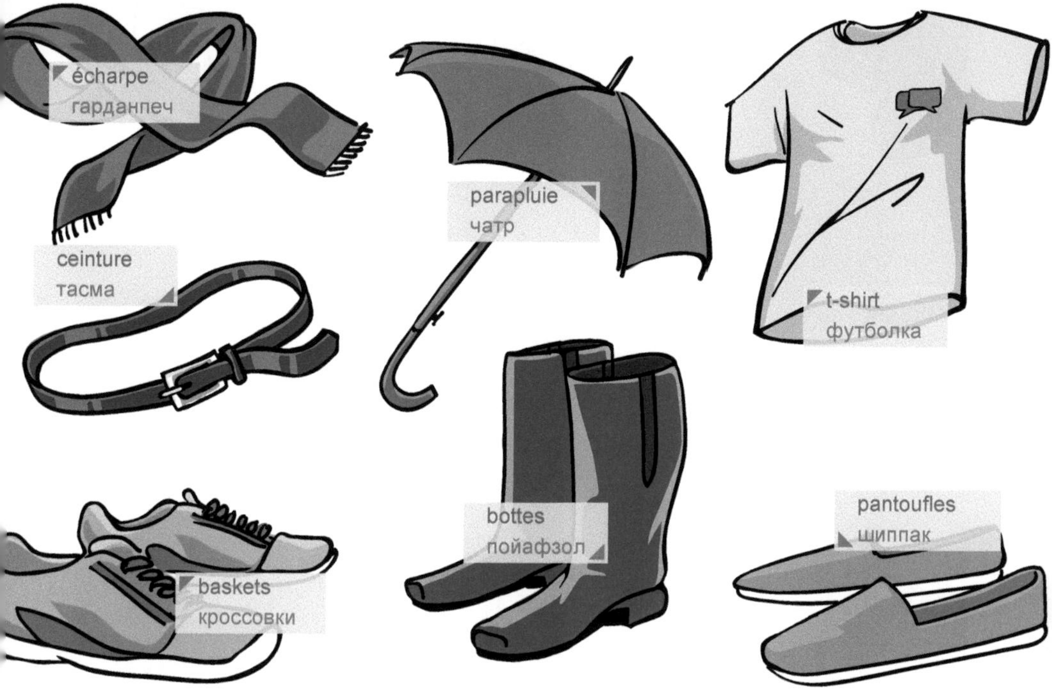

écharpe
гарданпеч

parapluie
чатр

t-shirt
футболка

ceinture
тасма

bottes
пойафзол

pantoufles
шиппак

baskets
кроссовки

sandales

босоножкй

chaussures

пойафзол

bottes de caoutchouc

музаи резинй

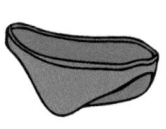

sous-vêtements

турсй

soutien-gorge

синабанд

maillot de corps

майка

body

бадан

pantalon

шим

jean

чинс

jupe

юбка

chemisier

куртаи нимтаи занона

chemise

курта

pull

свитер

sweat à capuche

свитер

veste

пичак

veste

нимтана

manteau

палто

imperméable

плаш

costume

костюм

robe

куртаи занона

robe de mariée

либос тӯйи

costume

костюм

chemise de nuit

куртаи хоб

pyjama

пижама

sari

Сари

foulard

рӯймол

turban

салла

burqa

ниқобу

caftan

кафтан

abaya

абая

maillot de bain

либоси обозӣ

maillot de bain

эзорчаи шиноварии мардона

short

шорти

tenue d'entraînement

либоси варзишӣ

tablier

пешбанд

gants

дастпӯшак

bouton

тугма

lunettes

айнак

bracelet

дастпона

collier

гарданбанд

bague

ангуштарин

boucle d'oreille

гӯшвора

bonnet

кулоҳ

cintre

либосовезак

chapeau

кулоҳ

cravate

галстук

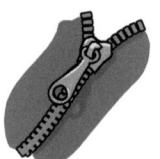

fermeture éclair

занҷирак

casque

тоскулоҳ

bretelles

шимбардор

uniforme scolaire

либоси мактабӣ

uniforme

либоси

bavoir

пешгир

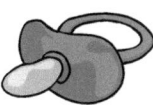

sucette

пистонак

lange

подгузник

bureau

идора

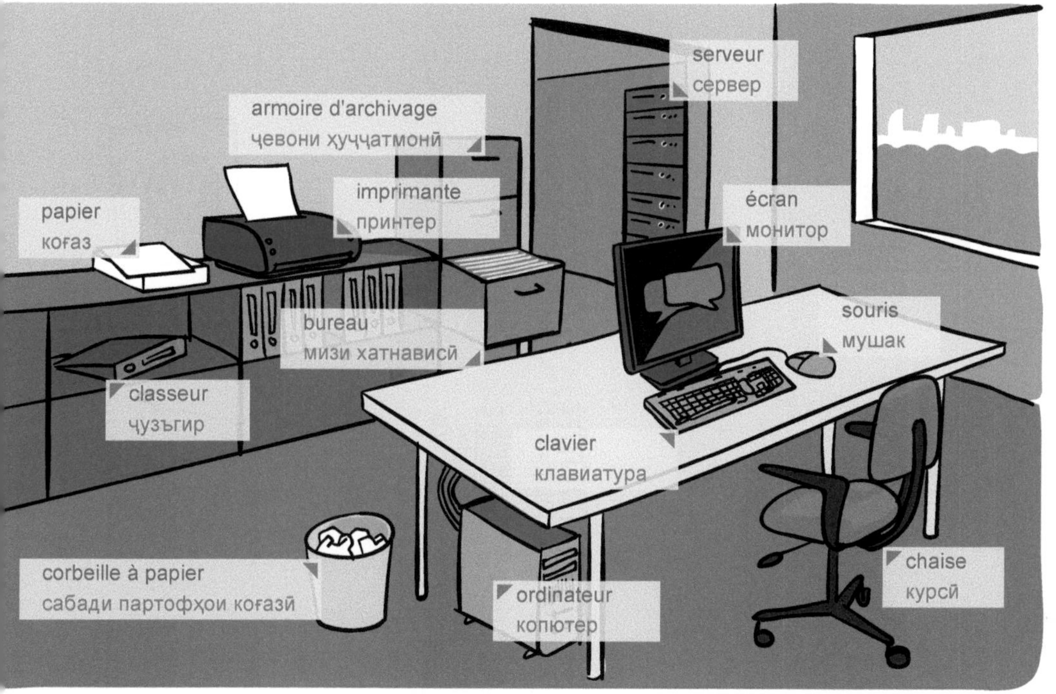

armoire d'archivage
чевони ҳуччатмонӣ

serveur
сервер

imprimante
принтер

écran
монитор

papier
коғаз

souris
мушак

bureau
мизи хатнависӣ

classeur
чузъгир

chaise
курсӣ

clavier
клавиатура

corbeille à papier
сабади партофҳои коғазӣ

ordinateur
копютер

tasse de café

кружкаи қаҳванӯшӣ

calculatrice

калкулятор

internet

интернет

ordinateur portable

ноутбук

lettre

мактуб

message

хабар

portable

телефони мобилӣ

réseau

шабака

photocopieuse

нусхабардор

logiciel

нармафзор

téléphone

телефон

prise

розетка

fax

факс

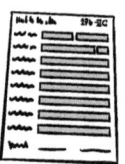

formulaire

шакл

document

хуҷҷат

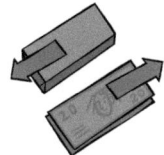

acheter

харидан

payer

пардохт

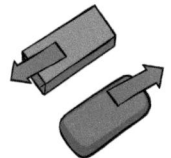

faire du commerce

савдо

monnaie

пул

dollar

доллар

euro

евро

yen

йен

rouble

рубл

franc suisse

франки швейцариягӣ

renminbi yuan

юан

roupie

рупй

distributeur automatique

нуқтаи нақд

bureau de change

нуқтаи мубодилаи асъор

or

тилло

argent

нуқра

pétrole

равғани растанӣ

énergie

энерги

prix

нарх

contrat

шартнома

taxe

андоз

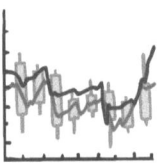

action

саҳмия

travailler

кор

employé

хизматчӣ

employeur

соҳибкор

usine

завод

magasin

сехи

économie - иқтисодиёт

agent de police
корманди полис

pompier
сӯхторхомушкун

cuisinier
ошпаз

médecin
духтур

pilote
халабон

jardinier

боғбон

menuisier

чӯбтарош

couturière

дӯзанда

juge

судя

chimiste

кимиёшинос

acteur

актер

conducteur de bus

ронандаи автобус

chauffeur de taxi

таксист

pêcheur

моҳигир

femme de ménage

фаррошзан

couvreur

устои бомпӯш

serveur

пешхизмат

chasseur

шикорчй

peintre

расом

boulanger

нонвой

électricien

барқ

ouvrier

сохтмончй

ingénieur

инженер

boucher

қассоб

plombier

устои шабакаи об

facteur

хаткашон

soldat

сарбоз

architecte

меъмор

caissier

кассир

fleuriste

гулфурӯш

coiffeur

сартарош

contrôleur

кондуктор

mécanicien

механик

capitaine

капатан

dentiste

духтури дандон

scientifique

олим

rabbin

хохом

imam

имом

moine

шайх

prêtre

саркоҳин

outils

асбобҳо

marteau
болғача
pinces
анбӯри паҳннӯл
tournevis
мурваттобак
clé
калиди гайкатобӣ
torche
фонуси дастӣ

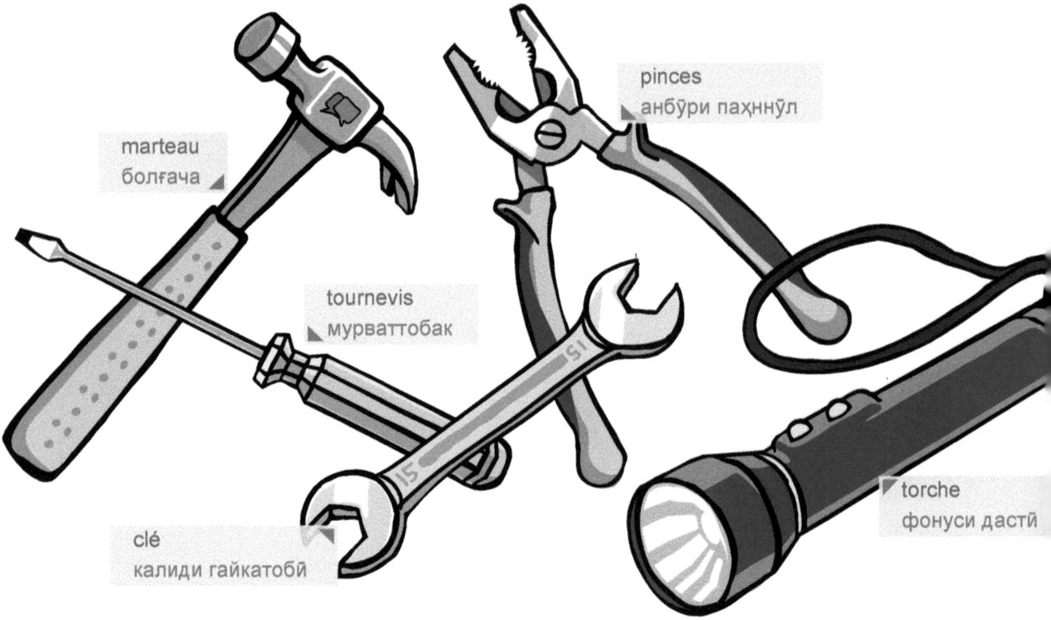

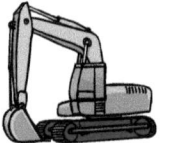

pelleteuse
экскаватор

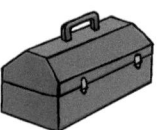

boîte à outils
қутии асбобҳо

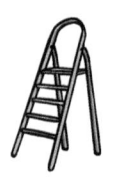

échelle
зинапоя

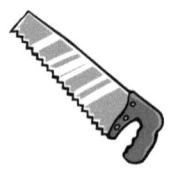

scie
арра

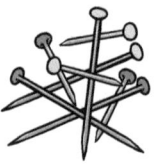

clous
мехҳо

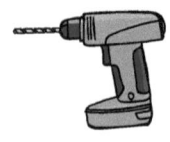

perceuse
пармаи электрикӣ

réparer

таъмир

pelle

бел

Mince !

Сабил монад!

pelle

белчаи хокрӯбагирӣ

pot de peinture

сатили ранг

vis

мехи печдор

instruments de musique
асбобҳои мусиқӣ

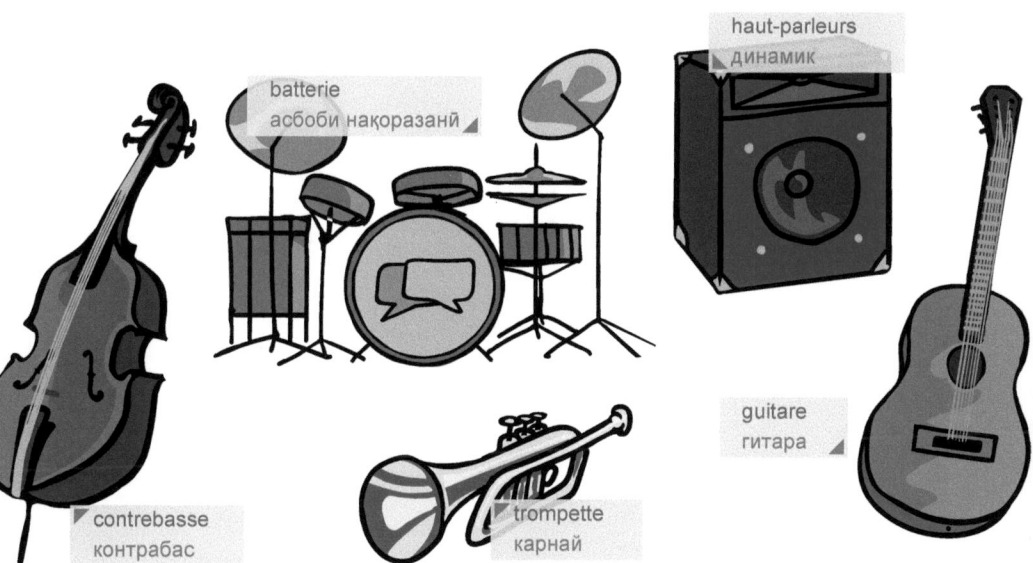

haut-parleurs
динамик

batterie
асбоби нақоразанӣ

guitare
гитара

contrebasse
контрабас

trompette
карнай

piano

пианино

violon

ғиччак

basse

бас-гитара

timbales

нақораи поядор

tambour

нақора

piano électrique

клавиатура

saxophone

саксофон

flûte

най

microphone

баландгӯяд

instruments de musique - асбобҳои мусиқӣ

zoo

боғи ҳайвонот

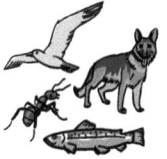

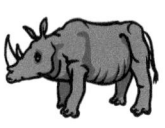

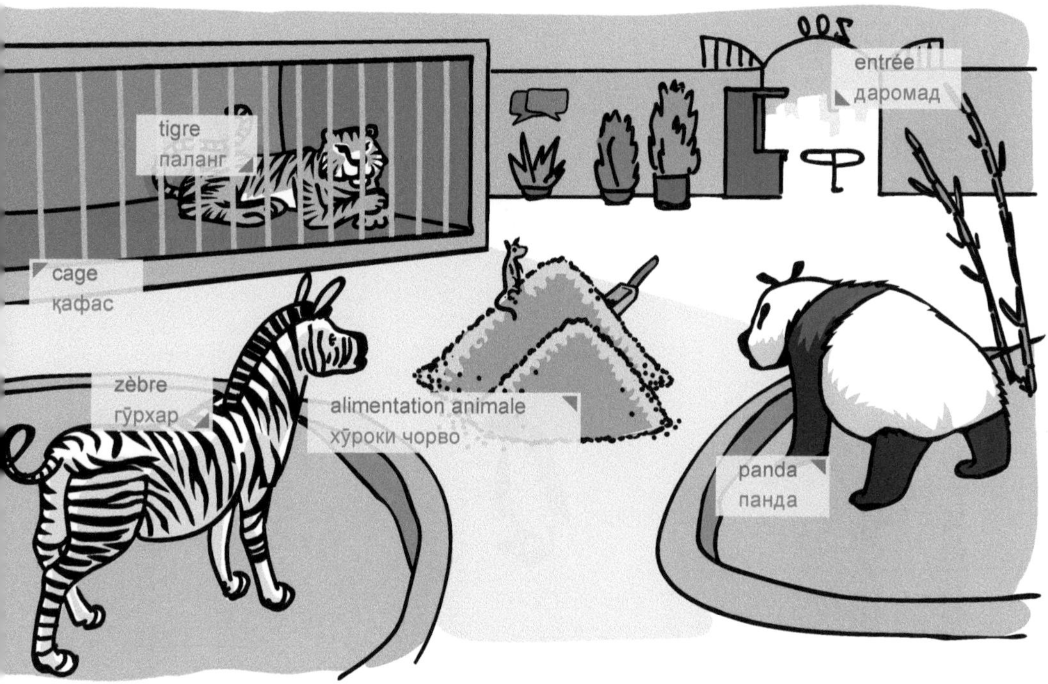
zoo
entrée
даромад
tigre
паланг
cage
қафас
zèbre
гӯрхар
alimentation animale
хӯроки чорво
panda
панда

animaux
ҳайвонот

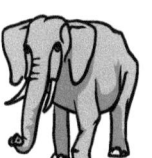

éléphant
фил

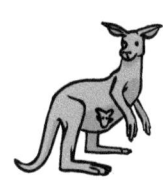

kangourou
кенгуру

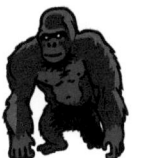

rhinocéros
каркадан

gorille
горилла

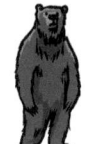

ours
хирси бӯр

chameau

шутур

autruche

шутурмурғ

lion

шер

singe

маймун

flamand rose

бутимор

perroquet

тӯти

ours polaire

хирси сафед

pingouin

пингвин

requin

наҳанг

paon

товус

serpent

мор

crocodile

тимсоҳ

gardien de zoo

посбон

phoque

сил

jaguar

ягуар

poney

аспи кӯтоҳқад

léopard

леопард

hippopotame

баҳмут

girafe

заррофа

aigle

уқоб

sanglier

хуки ваҳшӣ

poisson

моҳӣ

tortue

сангпушт

morse

морж

renard

рӯбоҳ

gazelle

ғизол/оҳу

american Football
футболи амрикои

cyclisme
велосипедронӣ

tennis
теннис

basket-ball
баскетбол

natation
шиноварӣ

boxe
бокс

hockey sur glace
хоккей

football
футбол

badminton
бадминтон

athlétisme
атлетика

handball
гандбол

ski
лижаронӣ

polo
тӯббозӣ бо асп

activités
фаъолият

rire
ханда
sauter
паридан
embrasser
оғӯш гирифтан
marcher
пиёда рафтан
chanter
шеър хондан
rêver
орзӯ кардан
prier
ибодат кардан
faire la bise
бӯса кардан

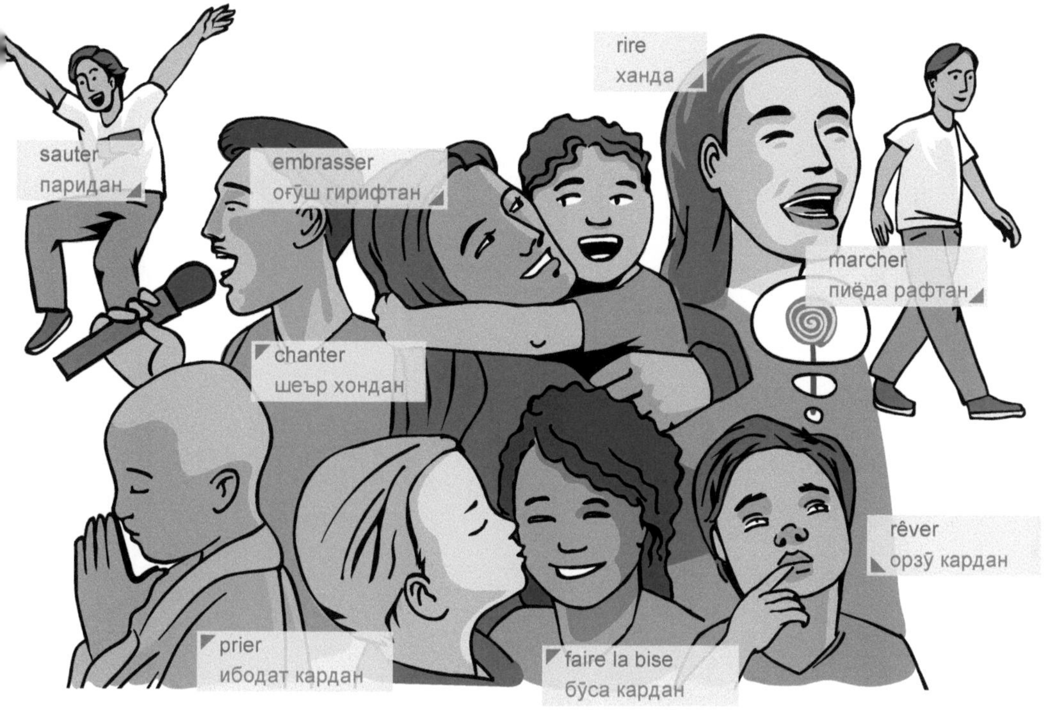

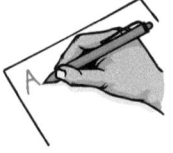

écrire

навиштан

dessiner

кашидан

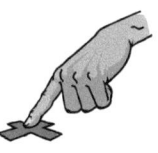

montrer

нишон додан

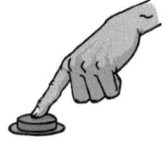

pousser

тела додан

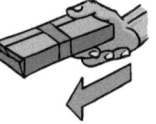

donner

додан

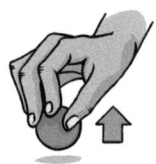

prendre

гирифтан

avoir

доранд

faire

кор

être

бошад

être debout

истодан

courir

давидан

trier

кашидан

jeter

партофтан

tomber

афтидан

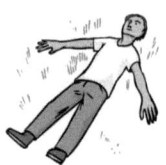

être couché

дароз кашидан

attendre

интизор шудан

porter

бардошта бурдан

être assis

нишастан

s'habiller

либос пӯшидан

dormir

хобин

se réveiller

бедор шудан

regarder

нигоҳ кардан

pleurer

гиря кардан

caresser

сила кардан

peigner

шона

parler

гап задан

comprendre

фаҳмидан

demander

пурсидан

écouter

гӯш кардан

boire

нӯштдан

manger

хӯрдан

ranger

ғундоштан

aimer

ишқ

cuire

ошпаз

conduire

рондан

voler

парвоз кардан

faire de la voile

бо бодбон ҳаракат кардан

calculer

ҳисоб кардан

lire

хондан

apprendre

омӯхтан

travailler

кор

se marier

оиладор шудан

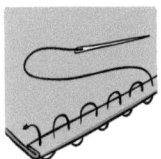

coudre

дӯхтан

brosser les dents

дадон шӯстан

tuer

куштан

fumer

дуд

envoyer

фиристодан

grand-mère
биби

grand-père
бобо

père
падар

mère
модар

bébé
кӯдак

fille
хоҳар

fils
писар

hôte
меҳмон

tante
хола

oncle
амак

frère
бародар

sœur
хоҳар

corps
бадан

front
пешонӣ
œil
чашм
épaule
китф
doigt
ангушт
visage
рӯй
menton
манаҳ
main
панҷаи даст
jambe
пой
poitrine
қафаси сина
bras
даст

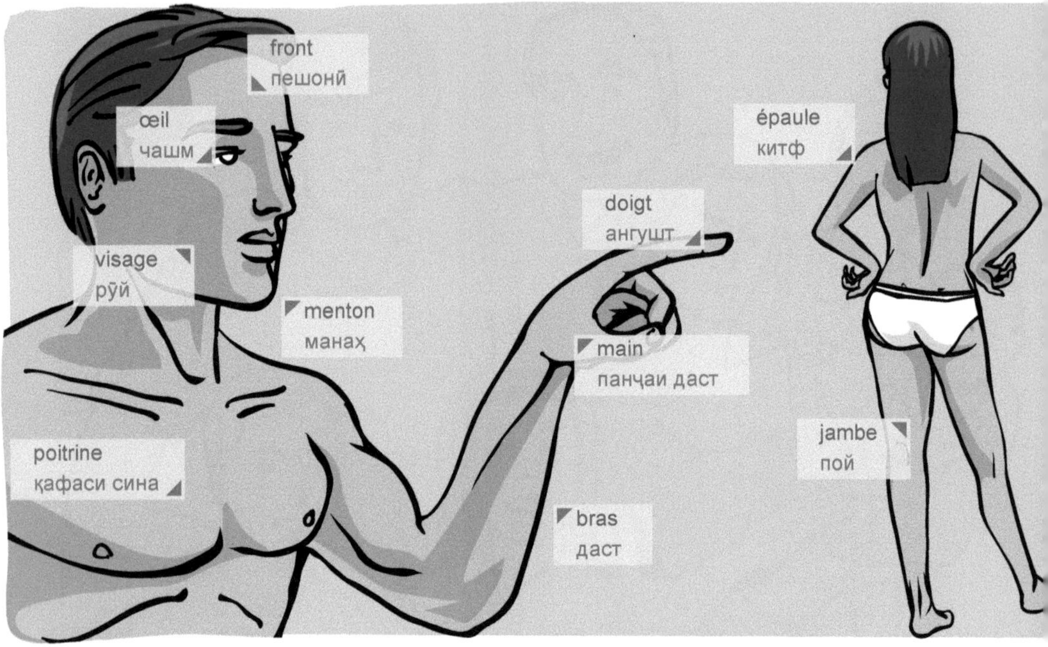

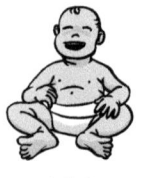

bébé

кӯдак

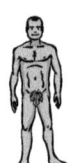

homme

мард

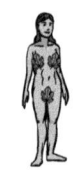

femme

зан

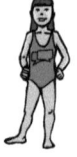

fille

духтар

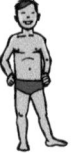

garçon

писар

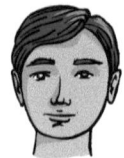

tête

сар

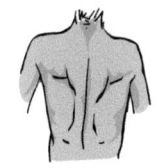

dos

пушт

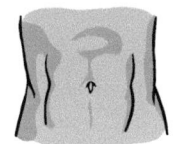

ventre

шикам

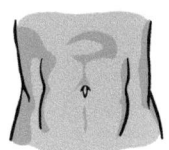

nombril

ноф

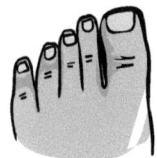

orteil

ангушти пой

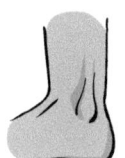

talon

пошнаи пой

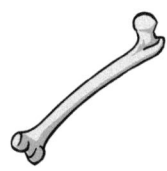

os

устухон

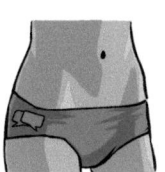

hanche

рон

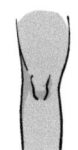

genou

зону

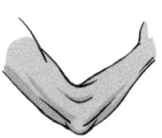

coude

оринч

nez

бинй

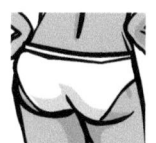

fesses

таг

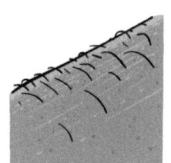

peau

пӯст

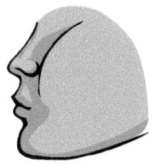

joue

рухсора

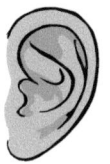

oreille

гӯш

lèvre

лаб

bouche
даҳон

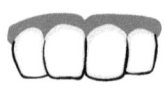

dent
дадон

langue
забон

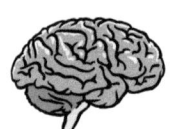

cerveau
майнаи сар

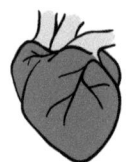

cœur
дил

muscle
мушак

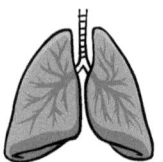

poumons
шуш

foie
ҷигар

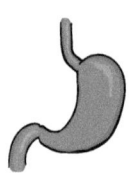

estomac
меъда

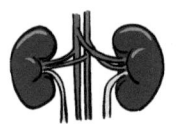

reins
гурдаҳо

rapport sexuel
алоқаи ҷинсӣ

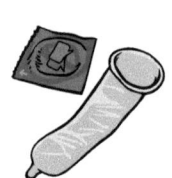

préservatif
рифола

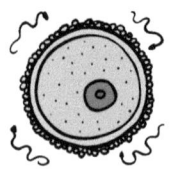

ovule
тухмҳуҷайра

sperme
нутфа

grossesse
ҳомиладорӣ

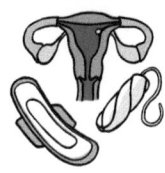

menstruation

ҳайз

vagin

маҳбал

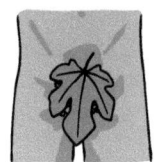

pénis

кер

sourcil

абрӯ

cheveux

мӯй

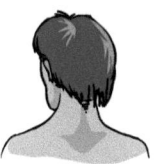

cou

гардан

hôpital
бемористон

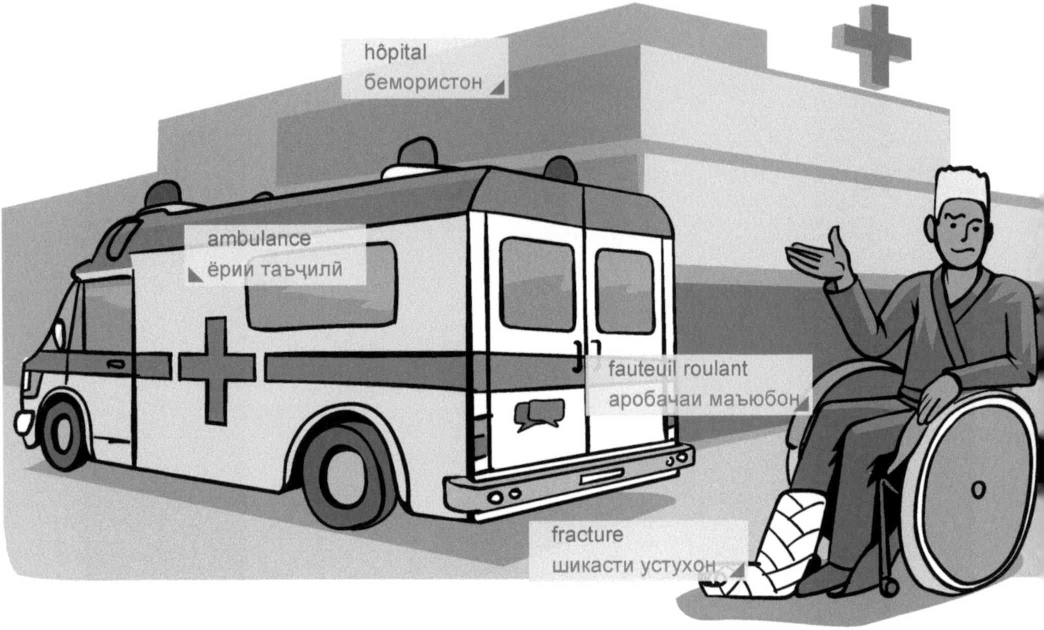

hôpital
бемористон
ambulance
ёрии таъҷилӣ
fauteuil roulant
аробачаи маъюбон
fracture
шикасти устухон

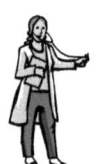

médecin

духтур

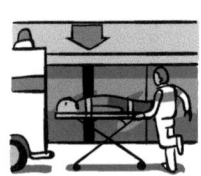

service des urgences

ҳуҷраи ёрии фаврӣ

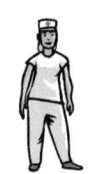

infirmière

ҳамшираи тиббӣ

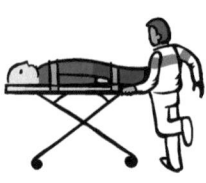

urgence

ҳолати фавқулодда

inconscient

беҳуш

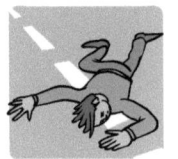

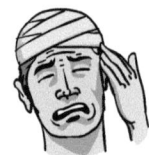

douleur

дард

blessure

чароҳат

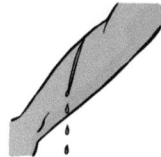

hémorragie

хунравй

crise cardiaque

дилзанак

attaque cérébrale

сактаи майна

allergie

аллергия

toux

сулфа

fièvre

табларза

grippe

грипп

diarrhée

шикамравй

mal de tête

сардард

cancer

саратон

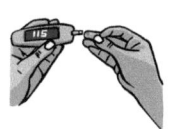

diabète

диабет

chirurgien

ҷарроҳ

scalpel

скалпел

opération

ҷарроҳй

CT

Томографияи компютерӣ

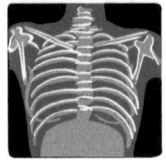

radiographie

шӯъои ренгенӣ

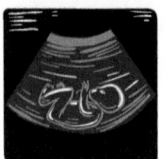

échographie

ултрасадо

masque

ниқоби рӯй

maladie

беморӣ

salle d'attente

ҳуҷраи интизорӣ

béquille

асобағал

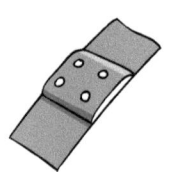

pansement

марҳам

pansement

дока

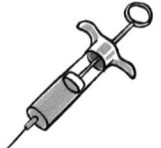

injection

сӯзандору

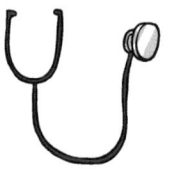

stéthoscope

стетоскоп

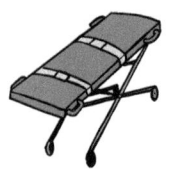

brancard

занбар

thermomètre

ҳароратсанҷ

accouchement

таваллуд

surcharge pondérale

вазни зиёдатӣ

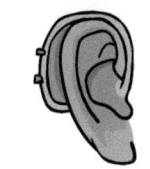

appareil auditif

таҷҳизоти шунавой

désinfectant

моддаи безараргардонӣ

infection

инфексия

virus

вирус

médicament

дору

VIH / sida

ВИЧ / СПИД

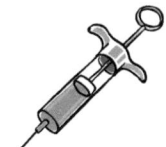

vaccination

ваксинатсия

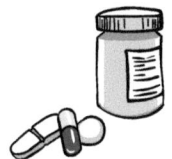

comprimés

ҳабҳо

pilule

ҳаб

appel d'urgence

занги изтирорӣ

tensiomètre

монитори фишори хун

malade / sain

бемор/солим

Au secours !

Кумак!

alarme

ҳушдор

assaut

ҳуҷум

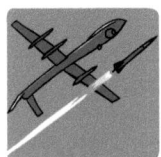

attaque

ҳамла

danger

хатар

sortie de secours

баромадгоҳи таҳлиявӣ

Au feu!

Сӯхтор!

extincteur

оташнишон

accident

садама

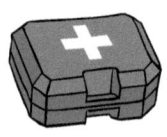

trousse de premier secours

доруқуттӣ

SOS

бонги хатар

police

полис

Europe

Аврупо

Amérique du Nord

Америкаи Шимолй

Amérique du Sud

Америкаи Ҷанубй

Afrique

Африка

Asie

Осиё

Australie

Австралия

Océan atlantique

Уқёнуси Атлантик

Océan pacifique

Уқёнуси Ором

Océan indien

Уқёнуси Ҳинд

Océan antarctique

Уқёнуси Антарктика

Océan arctique

Уқёнуси Арктика

pôle nord

Қутби шимол

pôle sud

Қутби ҷануб

Antarctique

Антарктика

terre

замин

pays

замин

mer

баҳр

île

ҷазира

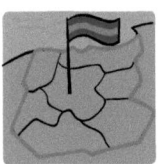

nation

миллат

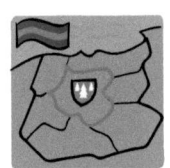

état

давлат

cadran

сиферблат

aiguille des heures

ақрабаки соат

aiguille des minutes

ақрабаки дақиқашумор

aiguille des secondes

ақрабаки сонияшумор

Quelle heure est-il ?

Соат чанд?

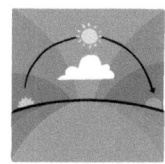

jour

рӯз

temps

замон

maintenant

ҳозир

montre digitale

соати электронй

minute

лаҳза

heure

соат

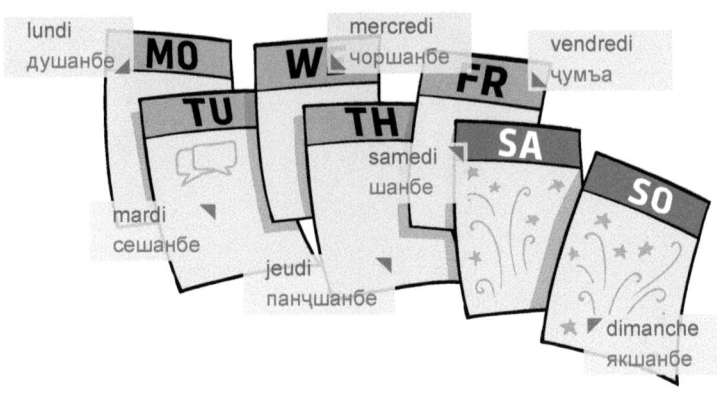

lundi
душанбе

mercredi
чоршанбе

vendredi
ҷумъа

mardi
сешанбе

samedi
шанбе

jeudi
панҷшанбе

dimanche
якшанбе

hier

дирӯз

aujourd'hui

имрӯз

demain

фардо

matin

пагоҳирӯзӣ

midi

нимрӯз

soir

шом

MO	TU	WE	TH	FR	SA	SU
1	2	3	4	5	6	7
8	9	10	11	12	13	14
15	16	17	18	19	20	21
22	23	24	25	26	27	28
29	30	31	1	2	3	4

jours ouvrables

рӯзҳои корӣ

MO	TU	WE	TH	FR	SA	SU
1	2	3	4	5	6	7
8	9	10	11	12	13	14
15	16	17	18	19	20	21
22	23	24	25	26	27	28
29	30	31	1	2	3	4

week-end

истироҳат

année

сол

pluie
борон
arc-en-ciel
рангинкамон
neige
барф
vent
шамол
printemps
баҳор
automne
тирамоҳ
été
тобистон
hiver
зимистон

4.APRIL 11°
5.APRIL 4°
6.APRIL 13°
7.APRIL 8°
8.APRIL 10°

météo
....
Обу ҳаво

F C
120 90 60 30 0 -30
40 30 20 10 0 -10 -20

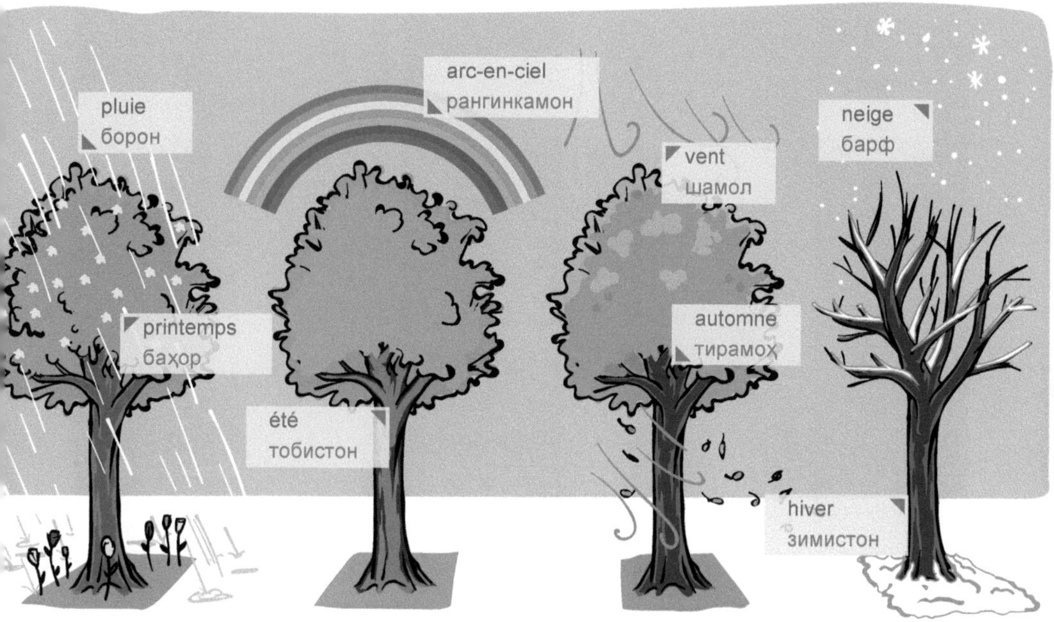

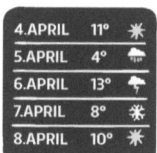

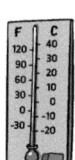

thermomètre
....
ҳароратсанҷ

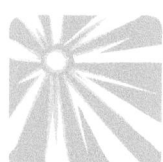

lumière du soleil
....
равшании офтоб

nuage
....
абр

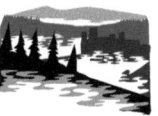

brouillard
....
туман

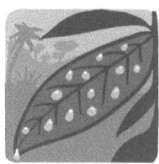

humidité
....
намнок

foudre

барқ

tonnerre

тундар

tempête

тӯфон

grêle

жола

mousson

муссон

inondation

обхезй

glace

ях

janvier

январ

février

феврал

mars

март

avril

апрел

mai

май

juin

июн

juillet

июл

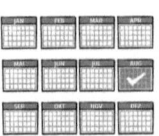

août

август

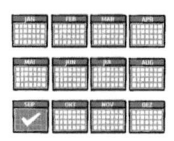

septembre
....
сентябр

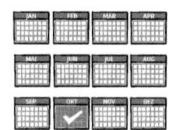

octobre
....
октябр

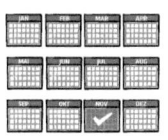

novembre
....
ноябр

décembre
....
декабр

cercle
....
давра

carré
....
мураббаъ

rectangle
....
росткунья

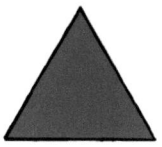

triangle
....
секунья

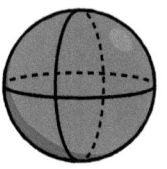

sphère
....
соњаи

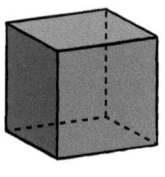

cube
....
мукааб

blanc

гулобӣ

jaune

хокистаранг

orange

зард

rose

бунафшранг

rouge

сурх

violet

қаҳваранг

bleu

кабуд

vert

сиёҳ

marron

кабуд

gris

сафед

noir

сабз

beaucoup / peu

бисёр/кам

fâché / calme

хашмгин / ором

joli / laid

зебо/безеб

début / fin

оғози / охири

grand / petit

калон/хурд

clair / obscure

дурахшон / торик

frère / soeur

бародари / хоҳар

propre / sale

тоза/чиркин

complet / incomplet

пурра / нопурра

jour / nuit

рӯзи / шаб

mort / vivant

мурдагон / зинда

large / étroit

кушод/танг

comestible / incomestible

хӯрданӣ /
хӯрданашаванда

méchant / gentil

бад/нек

excité / ennuyé

ба ҳаяҷон / дилгир

gros / mince

ғавс/борик

premier / dernier

якум/охирин

ami / ennemi

Дӯсти / душмани

plein / vide

пур/холӣ

dur / souple

сахт/мулоим

lourd / léger

вазнин/сабук

faim / soif

гуруснагӣ / ташнагӣ

malade / sain

бемор/солим

illégal / légal

ғайриқонунӣ / ҳуқуқӣ

intelligent / stupide

соҳибақл / беақл

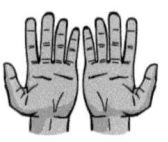

gauche / droite

рост/чап

proche / loin

наздик/дур

nouveau / usé

нави / истифода бурда
мешавад

rien / quelque chose

ҳеҷ / чизе

vieux / jeune

пир/ҷавон

marche / arrêt

оид / хомӯш

ouvert / fermé

кушода/пӯшида

faible / fort

паст/баланд

riche / pauvre

бой/камбағал

correct / incorrect

дуруст/нодуруст

rugueux / lisse

дурушт/ҳамвор

triste / heureux

ғамгин/хушбахт

court / long

кӯтоҳ/дароз

lent / rapide

оҳиста/тез

mouillé / sec

тар/хушк

chaud / froid

гарм / сард

guerre / paix

ҷанг / сулҳ

0

zéro

нол

1

un / une

як

2

deux

ду

3

trois

се

4

quatre

чор

5

cinq

панҷ

6

six

шаш

7

sept

ҳафт

8

huit

ҳашт

9

neuf

нӯҳ

10

dix

даҳ

11

onze

ёздаҳ

12
douze
дувоздах

13
treize
сенздах

14
quatorze
чордах

15
quinze
понздах

16
seize
шонздах

17
dix-sept
хабдах

18
dix-huit
хаждах

19
dix-neuf
нуздах

20
vingt
бист

100
cent
сад

1.000
mille
хазор

1.000.000
million
миллион

забонҳо

anglais

англисӣ

anglais américain

англисии амрикой

chinois mandarin

мандарини хитой

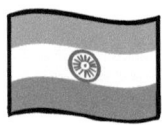

hindi

ҳиндӣ

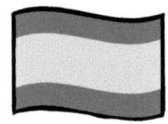

espagnol

испанӣ

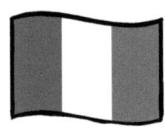

français

фаронсавӣ

arabe

арабӣ

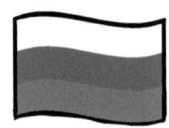

russe

русӣ

portugais

португалӣ

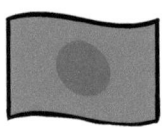

bengali

бенгалӣ

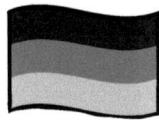

allemand

олмонӣ

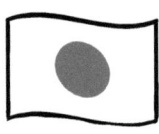

japonais

ҷопонӣ

je

ман

tu

шумо

il / elle / ce, c', cela

Ӯ / вай / он

nous

мо

vous

шумо

ils / elles

онҳо

Qui ?

ки?

Quoi ?

чй?

Comment ?

Чй хел?

Où ?

дар куҷо?

Quand ?

кай?

nom

ном

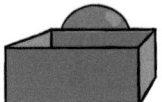

derrière

аз паси

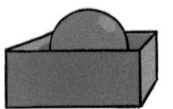

dans

дар

devant

дар пеши

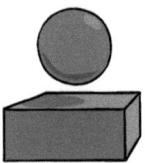

au-dessus

дар болои

sur

дар рӯи

en-dessous

дар зери

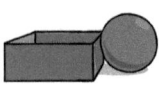

à côté de

дар назди

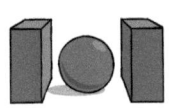

entre

миёни

lieu

ҷой